Liguori Lecomte

Gamer-Kochbuch

Sonderedition

Zauberfeder Verlag, Braunschweig, Germany

Liguori Lecomte
Gamer-Kochbuch (Sonderedition)

Die französische Originalausgabe des vollständigen Buches ist unter dem Titel *Cuisine pour les Gamers* bei Éditions Solar erschienen.
Copyright © 2018 Éditions Solar, ein Imprint von Edi8, Paris.

Sonderausgabe für die Lootchest GmbH, www.lootchest.de, 2023

Copyright © der deutschen Erstausgabe 2021 Zauberfeder GmbH, Braunschweig

Text: Liguori Lecomte
Übersetzung: Tanja Mousset
Lektorat: Stephan Naguschewski
Food-Styling: Vincent Amiel, mit Ausnahme der unter Einzelbildnachweise genannten
Fotos: Anne Bergeron, mit Ausnahme der unter Einzelbildnachweise genannten
Satz und Layout: Christian Schmal
Herstellung: Tara Moritzen
Druck und Bindung: UAB BALTO print, Vilnius

Einzelbildnachweise
canicula (Adobe Stock), Seite 20 · Jan (Adobe Stock), Seite 38 · lifeforstock (Freepik), Seite 38

Printed in Lithuania
www.zauberfeder.de

Liguori Lecomte

Gamer-Kochbuch

Rezepte zu Euren Lieblingsvideospielen

Sonderedition

Inhaltsverzeichnis

Vorwort

Willkommen an Bord für ein neues kulinarisches Abenteuer mit mir – schnallt Euch an und schnappt Euch Euren Controller.

In meinen zwei ersten Büchern, *Das Geek-Kochbuch* und „Das Geek-Cocktailbuch", habe ich Euch gezeigt, dass Kochen eine spielerische Angelegenheit ist. Dieser Vergleich passt auch perfekt für mein neues Buch, in dem sich alles rund um Video- und Computerspiele dreht.

Wir alle erinnern uns noch gut an die coole Zeit am Spielautomaten oder zu Hause vor der Spielkonsole. Die unzähligen Lachflashs, die ich gemeinsam mit meinen Freunden an *FIFA*-Abenden, bei *Crash Bash* und natürlich *Super Mario* hatte, sind legendär.

Mit diesem Buch werdet Ihr hoffentlich jedes Level beim Spielen und Kochen bezwingen. Genießt die Zeit und verwöhnt Euch und Eure Freunde, Ihr Koch-Noobs.

Ich liebe die Gamer-Küche!

Liguori Lecomte

Die Gamer-Welt

Eine Bedienungsanleitung

Tetris

Tetris ist ein puzzleartiges Computerspiel, das 1984 von dem Russen Alexei Paschitnow erfunden wurde. Die Rechte daran liegen erst seit 1996 bei The Tetris Company. Inzwischen ist der Computerspielklassiker fester Bestandteil der Popkultur. Seit seiner Entwicklung hat es sich mehr als 170 Millionen Mal verkauft.

Sonic

Die Computerspielserie *Sonic the Hedgehog* wird seit 1991 von dem Publisher Sega veröffentlicht. Der kleine blaue Igel gehört zu den bekanntesten Videospielfiguren überhaupt und ist mit mehr als 70 Millionen verkauften Spielen das Maskottchen des Publishers. Anfang 2020 kam Sonic sogar als Spielfilm in die Kinos.

WoW (World of Warcraft)

Warcraft ist eine von Blizzard Entertainment entwickelte Computerspielserie, die 1994 zum ersten Mal erschien. In den drei Episoden des Strategiespiels wird in Echtzeit in einer mittelalterlichen Fantasywelt gespielt. 2004 entstand daraus *World of Warcraft*, das beliebteste MMORPG (Massively Multiplayer Online Role-Playing Game), also ein Mehrspieler-Online-Rollenspiel. Aufgrund des großen Erfolgs wurde sogar ein Film gemacht, der 2016 erschien.

Red Dead Redemption

Red Dead Redemption ist ein Computerspiel von Rockstar Games aus dem Jahr 2010. In einer offenen Spielwelt taucht der Spieler in die Zeit der Eroberung des Westens ein. Das von den Kritikern hochgelobte Spiel hat sich 14 Millionen Mal verkauft. Ende 2018 kam das mit Hochspannung erwartete *Red Dead Redemption 2* heraus.

The Last of Us

The Last of Us ist ein Survival-Horror-Videospiel von Sony Computer Entertainment, das von Naughty Dog entwickelt wurde. Das mehrfach ausgezeichnete Spiel wird von den Kritikern für sein Gameplay, aber auch für sein Szenario gefeiert. Die für 2018 angekündigte Fortsetzung erschien nach mehrfachen Verschiebungen schließlich im Juni 2020.

Monkey Island

Die Computerspielserie *Monkey Island* wird seit 1990 von LucasArts entwickelt und herausgegeben. Sie besteht aktuell aus fünf Teilen, in der sich die Spieler in einer Piratenwelt in der Karibik im 17. Jahrhundert bewegen.

Skyrim

Skyrim ist der 2011 erschienene, fünfte Teil der Rollenspielreihe *The Elder Scrolls*, der von Bethesda Game Studios entwickelt wurde. GameRanking und Metacritic lieben dieses Spiel, das während der Zeit eines Bürgerkriegs spielt – der sich aufgrund einer Dracheninvasion im Jahr 201 der vierten Ära noch verschärft. 2016 durchbrach das Spiel die Schallmauer von 30 Millionen verkauften Exemplaren!

Minecraft

Minecraft wurde von dem Schweden Markus Persson entwickelt und von dem Studio Mojang veröffentlicht. Der Spieler taucht in eine zufällige Voxelwelt ein und nutzt die natürlichen Ressourcen, um Blöcke und Gegenstände herzustellen. Innerhalb der ersten sieben Jahre hat sich das Spiel mehr als 100 Millionen Mal verkauft.

Pac-Man

Pac-Man ist ein japanisches Videospiel, das 1980 von Toru Iwatani für Namco entwickelt wurde. Der kleine gelbe Nimmersatt, der ursprünglich Puckman hieß, ist inzwischen eines der Symbole der Arcadevideospiele. Pac-Man war extrem erfolgreich und spielte in den 1990er Jahren mehrere Milliarden Dollar ein.

Portal

Portal ist ein 2007 erschienenes Action- und Denkspiel des Publishers Valve Software. Für seine Spielmechanik und die innovativen und witzigen Ideen erhielt es zahlreiche Auszeichnungen. Aufgrund des großen Erfolgs entwickelte sich ein Franchise mit vom Spiel inspirierten Merchandisingartikeln.

Fallout 4

Fallout ist ein von den Black Isle Studios entwickeltes Computerrollenspiel aus dem Jahr 1997, das von Interplay Entertainment herausgegeben wird. Inzwischen hat Bethesda Softworks die Spielentwicklung übernommen, zur großen Begeisterung der Fans dieses Videospielklassikers. In den verschiedenen Teilen tauchen die Spieler in die Postapokalypse ab.

Crash Bandicoot

Crash Bandicoot ist ein Jump'n'Run aus dem Jahr 1996 von Sony Computer Entertainment, das von Naughty Dog entwickelt wurde. Mit 6,8 Millionen verkauften Exemplaren steht es auf Platz 8 der Topseller für die PlayStation. Anlässlich des 20. Jubiläums des Spiels wurden die ersten drei Teile überarbeitet und erschienen 2017 in der Kompilation *Crash Bandicoot: N. Sane Trilogy*.

Mario Kart

Die von dem Giganten Nintendo produzierte Videospielreihe *Mario Kart* startete 1992 auf dem Super Nintendo *(Super Mario Kart)*. Mit acht Spielen auf verschiedenen Generationen und Konsolen landete *Mario Kart 8 Deluxe* schließlich bei der Nintendo Switch. Die Schlichtheit des Spiels und der Mehrspielermodus erklären seine große Beliebtheit. Das erfolgreichste Spiel *(Mario Kart Wii)* verkaufte sich bereits mehr als 37 Millionen Mal.

Diablo

Die Computerspielreihe aus der Feder von Blizzard North bzw. Climax Group (PS) erschien 1996. Sie wird von Blizzard Entertainment und Ubisoft für den PC und von Electronic Arts für die Playstation herausgegeben. Von Beginn an ist *Diablo* eine echte Erfolgsgeschichte. Schon der erste Teil hat sich allein im ersten Jahr mehr als 1 Million Mal verkauft. Mit seinem avantgardistischen Gameplay hat es die Videospielindustrie maßgeblich beeinflusst.

Grundrezept mit Schritt-für-Schritt-Anleitung
Pizza
Das Geek-Klischee schlechthin

Für 2 Personen

VORBEREITUNG: 20 MINUTEN · RUHEZEIT: 1 STUNDE 20 MINUTEN · BACKZEIT: 10 MINUTEN

ZUTATEN

Für den Teig

15 g Frischhefe

1 TL Zucker

250 g Mehl

2 Prisen Salz

2 EL Olivenöl

Für den Belag

1 Kugel Mozzarella

2 Scheiben Kochschinken

3 Champignons

150 ml Tomatensauce

1 EL Oregano, getrocknet

Olivenöl

- Die Hefe in 50 ml lauwarmem Wasser auflösen (1), Zucker dazugeben, verrühren und 15–20 Minuten gehen lassen. Mehl und Salz in eine Schüssel geben. In der Mitte eine trichterförmige Vertiefung bilden, in die das Olivenöl und die Hefe gegossen werden.

- Unter Rühren nach und nach 150 ml Wasser dazugeben (2).

- Zu einem glatten Pizzateig verkneten. Wenn der Teig klebt, noch etwas Mehl hinzugeben. Die Schüssel mit einem sauberen Geschirrtuch abdecken und den Teig bei Zimmertemperatur 1 Stunde gehen lassen (3).

- Den Teig schlagen, damit die entstandenen Luftbläschen entweichen. Noch einmal kurz und kräftig kneten, die Arbeitsfläche mit Mehl bestäuben und den Teig mit dem Nudelholz ausrollen (4).

- Den Backofen auf 220 °C vorheizen.

- Mozzarella und Schinken würfeln. Die Champignons putzen und klein schneiden.

- Die Tomatensauce auf dem Teig verteilen und gleichmäßig mit Mozzarella, Schinken und Champignons belegen (5). Oregano über die Pizza streuen und etwa 10 Minuten im Ofen backen.

- Einen Hauch Olivenöl über die fertige Pizza träufeln und mit grünem Salat servieren (6).

Spielbeginn
Ideen zum Aperitif

Tetris
Tetrominos-Aperitif

Für 4 Personen

Die Steine sind gefallen! Trotz der ohrwurmverdächtigen Melodie und des unspektakulären Game-plays wird dieses Spiel beim Aperitif mit Freunden immer Kultstatus haben.

ZUTATEN

Für die Olivenpaste

½ Knoblauchzehe

1 EL Kapern

3 Sardellenfilets

150 g schwarze Oliven, entsteint

50 ml Olivenöl

Für die Guacamole

3 Zweige Koriander

1 rote Zwiebel

1 Limette

3 Avocados

ein paar Spritzer Tabasco

Salz, Pfeffer

Für die Kurkuma- und die Tomatencreme

250 g Frischkäse

1 EL Kurkuma

Salz, Pfeffer

5 getrocknete oder eingelegte Tomaten

2 EL Tomatenmark

Außerdem

8 Scheiben Toastbrot

100 g Tarama (Fischrogen)

ZUBEREITUNG: 45 MINUTEN

- Für die Olivenpaste die Knoblauchzehe hacken, die Kapern und die Sardellenfilets abtropfen lassen. Die schwarzen Oliven, die Sardellenfilets, die Kapern, den gehackten Knoblauch und das Olivenöl in einen Standmixer geben und 1–2 Minuten pürieren.

- Für die Guacamole die Korianderblätter fein hacken, die rote Zwiebel schälen und eben-falls fein hacken. Die Limette auspressen und den Saft auffangen. Das Fruchtfleisch der Avocados pürieren und mit dem Koriander, der Zwiebel, dem Limettensaft und dem Ta-basco verrühren. Mit Salz und Pfeffer abschmecken. Mit einer Schicht Olivenöl bedeckt hält sich die Olivenpaste ein paar Tage.

- In einer Schüssel 100 g Frischkäse mit Kurkuma verrühren. Salzen und pfeffern. Die getrockneten Tomaten pürieren und zusammen mit dem übrigen Frischkäse und dem Tomatenmark in einer zweiten Schüssel verrühren. Salzen und pfeffern.

- Das Toastbrot in Tetrominos schneiden und nach Belieben mit Olivenpaste, Guacamole, Tarama, Kurkumacreme und Tomatencreme bestreichen.

Hot Chili Dogs mit goldenen Ringen

Für 2 Personen

Nachdem Sonic die 16-Bit-Architektur geprägt hat, schlägt das kleine Temperamentsbündel jetzt in Eurer Küche auf und verwöhnt Euch mit seinem Lieblingsrezept!

VORBEREITUNG: 20 MINUTEN • ZUBEREITUNG: 15 MINUTEN

ZUTATEN

½ Zwiebel

Olivenöl

Salz

1 TL Honig

100 g Hackfleisch

1 TL Chilipulver

200 ml Tomatensauce

1 TL Worcestershiresauce

2 Frankfurter Würstchen/Bockwürstchen

2 Hotdog-Brötchen

Emmentaler (oder Cheddar), gerieben

Für die Ringe

Öl zum Frittieren

2 Eier

1 Zwiebel

1 Tintenfisch

100 g Mehl

100 g Paniermehl

- Die Zwiebel schälen und fein würfeln.

- Etwas Öl in einer Pfanne erhitzen und darin die Zwiebel mit etwas Salz anschwitzen. Honig, Hackfleisch und Chiligewürz (Menge nach Belieben) hinzufügen und 2 Minuten unter Rühren anbraten.

- Tomatensauce und Worcestershiresauce dazugeben und bei mittlerer Hitze 5 Minuten köcheln lassen.

- Die Frankfurter Würstchen in heißem Wasser erwärmen. Die Brötchen 5 Minuten bei 180 °C im Ofen backen.

- Für die Hotdogs die Brötchen aufschneiden, jeweils mit einem Würstchen und Chilisauce füllen und mit geriebenem Käse bestreuen.

- Öl in einer Fritteuse auf 170–180 °C erhitzen – notfalls kann das Öl auch in einem Topf erhitzt werden.

- Die Eier mit einem Rührbesen in einer Schüssel verquirlen.

- Die Zwiebeln und den Tintenfisch in 0,5 cm dicke Ringe schneiden. Erst in Mehl, dann in der Eimasse und zuletzt im Paniermehl wälzen.

- Die Ringe 1 Minute frittieren.

World of Warcraft
Honigbrot mit getrocknetem Entenfleisch und Kürbis aus Elwynn

Für 4 Personen

Wenn auch Ihr für das Licht kämpft und auf der Suche nach dem besten Brotsnack auf Azeroth seid, bevor Ihr Euch auf den nächsten Streifzug macht, zerbrecht Euch nicht länger den Kopf: Hier ist er!

VORBEREITUNG: 35 MINUTEN · RUHEZEIT: 2 TAGE · ZUBEREITUNG: 35 MINUTEN

ZUTATEN

1 kg grobes Salz

1 EL Kräuter der Provence

1 Entenbrustfilet

Espelette-Pfeffer

220 ml lauwarmes Wasser

1 Beutel Trockenhefe

1 Prise Zucker

40 g Honig

100 g Vollkorn-Weizenmehl

3 Prisen Salz

3 EL Pflanzenöl

320 g Mehl vom Typ 405

Fett für die Schüssel

200 g Kürbis

100 g Roquefort

- Grobes Salz und Kräuter der Provence in einer Schüssel mischen. Das Entenbrustfilet (mit der Hautseite nach oben) auf etwa die Hälfte dieser Kräutersalzmischung legen und mit dem Rest bedecken. Mit Frischhaltefolie abdecken und 24 Stunden in den Kühlschrank stellen. Am nächsten Tag mit Wasser abspülen und trocken tupfen. Mit etwas Espelette-Pfeffer und Kräutern der Provence würzen, in einem Geschirrtuch aufrollen und 24 Stunden kalt stellen.

- Den Backofen auf 190 °C vorheizen. In einem Glas mit 50 ml lauwarmem Wasser die Trockenhefe und den Zucker auflösen. Die Hefe 10 Minuten gehen lassen. Das Hefewasser, 170 ml lauwarmes Wasser und Honig in einer Schüssel gut verrühren. Mit einem Holzlöffel das Vollkornmehl, das Salz und das Öl unterrühren. Anschließend das Mehl Typ 405 nach und nach zugeben. Den Teig 10 Minuten lang kneten.

- Den Teig in eine gefettete Schüssel geben und mit einem feuchten Tuch abdecken. An einem warmen Ort (zum Beispiel über dem Backofen) 40 Minuten gehen lassen. Den Teig schlagen, damit die Luftbläschen entweichen, und noch einmal 20 Minuten gehen lassen. Ein Backblech mit Backpapier auslegen und den Teig darauf 25 Minuten backen.

- Den Kürbis schälen und in kleine Würfel schneiden. In einem Topf mit Salzwasser aufkochen und 1 Minute kochen lassen. Die Kürbiswürfel abgießen und beiseitestellen.

- Das geschnittene Honigbrot mit jeweils einigen Kürbiswürfeln und etwas Roquefort belegen.

- Bei 180 °C für 8 Minuten überbacken. Aus dem Ofen holen und noch ein paar Scheiben getrocknetes Entenfleisch darauf verteilen.

- Mit grünem Salat servieren.

Würziges und Pikantes

Red Dead Redemption
Büffelragout mit Honig

Für 4 Personen

Eine alte Western-Weisheit besagt: „Es gibt zwei Arten von Menschen: die einen haben einen geladenen Revolver und die anderen kochen. Du kochst."

VORBEREITUNG: 20 MINUTEN · RUHEZEIT: 12 STUNDEN · ZUBEREITUNG: 2 STUNDEN 15 MINUTEN

ZUTATEN

1 Knoblauchzehe

800 g Büffelfleisch zum Schmoren (Hals, Schulter) oder Rindfleisch

5 EL Senf

3 EL Paprikapulver

5 EL Honig

5 cl Whiskey

12 Perlzwiebeln

5 Karotten

Öl

1 Bouquet garni

1 l Kalbsfond

2 Maiskolben

4 Kartoffeln

Salz, Pfeffer

- Die Marinade am Vortag zubereiten: Hierfür die Knoblauchzehe hacken, das Fleisch in Stücke schneiden und parieren. In einer Schüssel das Fleisch mit Senf, Paprikapulver, Honig, Whiskey und gehacktem Knoblauch vermengen. Mit Frischhaltefolie abdecken und über Nacht in den Kühlschrank stellen.

- Die Perlzwiebeln und die Karotten schälen. Die Karotten in Scheiben schneiden. In einem großen Topf mit etwas Öl bei starker Hitze das Fleisch samt Marinade 4 Minuten anbraten, bis es eine schöne Farbe hat. Die Zwiebeln und die Karotten zusammen mit dem Bouquet garni und dem Kalbsfond dazugeben.

- Zugedeckt bei mittlerer Hitze 1 Stunde und 30 Minuten schmoren lassen. Danach ohne Deckel mindestens weitere 30 Minuten schmoren lassen, bis das Fleisch leicht in Stücke zerfällt und die Sauce eine schöne dicke Konsistenz hat. Die Kochzeit kann verlängert werden, bis die gewünschte Konsistenz erreicht ist, dann das Bouquet garni herausnehmen.

- Die Maiskolben und die Kartoffeln schälen und in Stücke schneiden. Den Mais und die Kartoffeln in einem Topf mit Salzwasser aufkochen und 10 Minuten kochen lassen. Abgießen und kurz mit etwas Öl in einer Pfanne anbraten. Salzen und pfeffern.

- Das heiße Ragout mit dem Gemüse servieren.

The Last of Us
Von Ellie erlegter Hirsch

Für 4 Personen

Wenn man in einer winzigen Zelle eingesperrt ist, wäre ein Stückchen Hirschfleisch wirklich ein Traum ... Aber wenn man weiß, dass es von David zubereitet wurde ... Ob es wirklich Hirsch ist?

VORBEREITUNG: 30 MINUTEN · RUHEZEIT: 12 STUNDEN · ZUBEREITUNG: 1 STUNDE 40 MINUTEN

ZUTATEN

800 g Hirsch (Schulter oder Bugstück) oder Reh

1 Karotte

2 Schalotten

1 Knoblauchzehe

500 ml Rotwein

25 g Butter

3 EL Sonnenblumenöl

1 EL Mehl

Salz, Pfeffer

4 cl Cognac

1 TL Tomatenmark

1 Bouquet garni

250 ml Kalbsfond

1 EL Preiselbeer- oder Johannisbeerkonfitüre

100 g Preiselbeeren

2 Stiele glatte Petersilie

- Die Marinade am Vortag zubereiten. Hierfür das Fleisch würfeln. Die Karotte und die Schalotten schälen und würfeln. Die Knoblauchzehe schälen, halbieren und den grünen Kern entfernen. Alles in eine große Schüssel geben und den Rotwein darübergießen. Mit Frischhaltefolie abdecken und über Nacht im Kühlschrank marinieren lassen.

- Abgießen und die Nahrungsmittel und die Marinade getrennt voneinander beiseitestellen.

- Den Backofen auf 180 °C vorheizen.

- Die Butter und einen Hauch Öl in einem gusseisernen Topf bei mittlerer Hitze erhitzen. Wenn die Butter schaumig wird, das Fleisch und das Gemüse dazugeben und 3 Minuten bei starker Hitze anbraten. Mit Mehl bestäuben, würzen und noch 1 Minute kochen lassen.

- Mit dem Cognac ablöschen, die Hitze reduzieren und das Tomatenmark, das Bouquet garni, die Rotweinmarinade und den Kalbsfond dazugeben.

- Mit Salz und Pfeffer würzen und 1 Stunde und 30 Minuten mit Deckel im Ofen schmoren lassen, bis das Fleisch schön zart ist.

- Das Fleisch aus der Sauce nehmen und beiseitestellen. Die Preiselbeer- (oder Johannisbeer-)Konfitüre und die Preiselbeeren zur Sauce in den Topf geben, dann das Fleisch wieder hineinlegen und umrühren.

- Die glatte Petersilie grob hacken und darüberstreuen.

Monkey Island
Brathähnchen mit Steckrüben

Für 1 Person

Madre de Dios! Dieses Rezept findet man ganz genauso auf der Speisekarte des Hühnchenrestaurants von Käpt'n Blondbart. Wenn er Euch immer noch für El Pollo Diablo hält, braucht Ihr gar nicht mehr nach Puerto Pollo zurückzukehren, wo er Euch ohnehin in die Pfanne haut. Bleibt lieber gemütlich zu Hause und kocht das Rezept nach!

VORBEREITUNG: 20 MINUTEN · ZUBEREITUNG: 7 MINUTEN

ZUTATEN

Öl zum Frittieren
3 Eier
100 g Mehl
1 TL Knoblauchpulver
1 TL Paprikapulver
1 TL Kreuzkümmel
2 Messerspitzen Chilipulver
150 g Hühnerflügel
2 Steckrüben
20 g Butter
1 TL Zucker
Salz, Pfeffer

- Das Frittieröl in einem Topf oder in der Fritteuse auf 170–180 °C erhitzen.

- Die Eier mit einem Quirl oder einer Gabel in einer Schüssel verquirlen. Das Mehl mit den Gewürzen in einer zweiten Schüssel verrühren.

- Die Hühnerflügel erst im Gewürzmehl, dann im Ei und dann noch einmal im Gewürzmehl wälzen und 2 Minuten im heißen Öl frittieren.

- Auf Küchenpapier abtropfen lassen und salzen.

- Die Steckrüben schälen, in Stücke schneiden und in einer Pfanne mit 100 ml Wasser, Butter, Zucker, 2 Prisen Salz und Pfeffer bei mittlerer Hitze 5 Minuten garen, bis die Flüssigkeit verkocht ist und die Steckrüben nur noch von der Buttermischung und den Gewürzen ummantelt sind.

- Zum Kontrollieren des Gargrads mit einem Messer in die Steckrüben stechen. Wenn sich die Klinge leicht wieder herauslöst, sind sie durch. Ansonsten einfach noch ein wenig Wasser hinzugeben und weitergaren, bis das Wasser verkocht ist, und erneut den Gargrad mit der Messerklinge kontrollieren.

- Die Hühnerflügel mit den Steckrüben servieren.

Endgame

Ein süßer Abschluss

Skyrim
Süßkuchen

Für 4 Personen

Am besten schnell essen, bevor Euch jemand zuvorkommt!

VORBEREITUNG: 20 MINUTEN • RUHEZEIT: 1 STUNDE 15 MINUTEN • BACKZEIT: 30 MINUTEN

ZUTATEN

80 g Butter (Zimmertemperatur)

50 g Rosinen

200 ml Schwarztee

50 ml Milch

8 g Frischhefe

30 g Rohrzucker

1 Ei

200 g Mehl

1 Prise Salz

Für das Royal Icing

1 Eiweiß

200 g Puderzucker

Saft von ½ Zitrone

▪ Die Butter 30 Minuten vor der Zubereitung aus dem Kühlschrank holen, damit sie bei Zimmertemperatur weich wird.

▪ Die Rosinen in dem heißen Tee quellen lassen.

▪ Die Milch etwas erwärmen; sie sollte lauwarm sein.

▪ Die Hefe in der Milch auflösen, den Rohrzucker dazugeben, alles verrühren und die Hefe 10 Minuten gehen lassen. Das Ei dazugeben und verrühren.

▪ Das Mehl in eine Schüssel geben und in der Mitte eine trichterförmige Vertiefung machen. Die Milch-Hefe-Mischung hineingeben und mit einem Teigschaber verrühren. Die zimmerwarme Butter, das Salz und die Rosinen dazugeben und erneut verrühren. Mit einem Tuch abdecken und an einem lauwarmen Ort (zum Beispiel über dem Backofen) 45 Minuten gehen lassen.

▪ Eine Gugelhupfform gut einfetten. Den Teig erneut mit etwas Mehl kneten und in die Form füllen.

▪ Den Backofen auf 180 °C vorheizen.

▪ Den Teig in der Form noch einmal 30 Minuten gehen lassen (er sollte bis zum Rand der Form aufgehen). Den Gugelhupf 30 Minuten backen. Vor dem Herausholen aus der Form abkühlen lassen.

▪ Für das Royal Icing Eiweiß und Puderzucker steif schlagen. Den Zitronensaft dazugeben, erneut verquirlen und die Oberseite des Kuchens damit glasieren.

Minecraft
Pixelkuchen

Für 1 Person

Panem et circenses! Lasst euch zur Abwechslung zu den Spielblöcken mal diesen leckeren Speiseblock schmecken – am besten in Gesellschaft mit einer Tasse Tee oder Kaffee.

VORBEREITUNG: 1 STUNDE · BACKZEIT: 1 STUNDE · RUHEZEIT: 1 STUNDE

ZUTATEN

Für die fermentierte Milch

250 ml Milch

Saft von ½ Zitrone

Für den Kuchen

180 g Butter + ein wenig
    zum Fetten der Form

450 g Mehl + ein wenig für
    die Kuchenform

2 EL Kakaopulver, ungesüßt

1 TL Vanille, gemahlen

1 EL Backpulver

280 g Zucker

4 Eier

400 g Frischkäse

3 EL Puderzucker

400 g Fondant, weiß

100 g Fondant, rot

- Für die fermentierte Milch die Milch und den Zitronensaft in ein Glas gießen und 10 Minuten ruhen lassen.

- Die Butter in Würfel schneiden und bei Zimmertemperatur 1 Stunde lang weich werden lassen.

- Den Backofen auf 150 °C vorheizen.

- Mehl, Kakaopulver, Vanille und Backpulver in einer Schüssel mischen und beiseitestellen.

- Die weiche Butter und den Zucker in einer Schüssel 5 Minuten lang kräftig verrühren. Die Eier einzeln mithilfe eines Quirls unterrühren.

- Die Hälfte der Mehlmischung hinzufügen und gut verrühren. Die Hälfte der fermentierten Milch dazugeben und erneut verrühren. Mit dem Rest der Mehlmischung und der fermentierten Milch genauso verfahren.

- Eine quadratische Kuchenform fetten, mit Mehl bestäuben und den Teig hineinfüllen. Mindestens 1 Stunde backen.

- Um den Backgrad zu kontrollieren, mit einem Messer in die Mitte des Kuchens stechen – wenn beim Herausziehen kein Teig an der Klinge klebt, ist der Kuchen fertig. Vor dem Herausholen aus der Form abkühlen lassen.

- Frischkäse und Puderzucker in einer Schüssel verrühren.

- Den Kuchen waagrecht durchschneiden, die Frischkäsemasse zwischen die beiden Teile streichen und wieder zu einem Block zusammensetzen.

- Den weißen Fondant ausrollen, sorgfältig ausschneiden und auf den Kuchen legen. Nun den roten Fondant ausrollen, Quadrate in verschiedenen Größen ausschneiden und auf dem weißen Fondant verteilen.

Pac-Man-Macarons

Für 20 Macarons

Wenn Ihr keine Lust mehr habt, Euch durch ein 2-D-Labyrinth zu fressen, dann sind diese „Pac-carons" eine schöne Abwechslung.

VORBEREITUNG: 25 MINUTEN · RUHEZEIT: 20 MINUTEN · BACKZEIT: 10 MINUTEN

- Den Backofen auf 140 °C Umluft vorheizen.

- Den Puderzucker mit den gemahlenen Mandeln in einer Schüssel mischen.

- Mit der Küchenmaschine Eiweiß und Zucker zu einem festen Baiser aufschlagen.

- Für die Pac-Man-Macarons etwas gelbe Lebensmittelfarbe dazugeben.

- Für die kleinen Geister, die Pac-Man jagen, können auch andere Lebensmittelfarben (Rot, Rosa, Blau oder Orange) verwendet werden.

- Den Puderzucker und die gemahlenen Mandeln unter das Baiser heben.

- Die Masse dafür mehrmals vorsichtig von unten nach oben nehmen und gegen die Seite der Schüssel drücken, bis alle Zutaten gut eingearbeitet sind. Wenn der Teig weich und glänzend ist und beim Fallen ein Band bildet, mithilfe eines Spritzbeutels kleine Macarons mit einem Durchmesser von 3–4 cm in Form von Pac-Man oder Geistern auf Backpapier spritzen. Das Blech dreimal auf die Arbeitsfläche klopfen, um die Luftbläschen zu beseitigen. Die Macarons etwa 30 Minuten in einem trockenen Zimmer (beispielsweise vor dem Kamin, im Büro oder im Schlafzimmer) aushärten lassen.

- Etwa 10 Minuten im Ofen backen. Vor dem Ablösen vom Blech die Macarons gut abkühlen lassen.

- Für die Ganache die Zartbitterschokolade und die Sahne in eine Schüssel geben. Erwärmen und umrühren. Nach Belieben mit Aroma abschmecken, erneut umrühren und die Ganache in einen Spritzbeutel füllen.

- Für die Macarons werden zwei gleiche Hälften benötigt. Auf eine Hälfte in der Mitte mit der Spritztüte etwas Ganache aufspritzen. Die andere Hälfte vorsichtig daraufsetzen und 20 Minuten bei Zimmertemperatur abkühlen lassen.

ZUTATEN

Für die Macaronhälften

80 g Puderzucker, gesiebt

80 g gemahlene Mandeln, geschält und gesiebt

70 g Eiweiß

90 g Zucker

1 Messerspitze gelbe, rote, rosa, blaue oder orange Lebensmittelfarbe in Pulverform

Für die Ganache

100 g Zartbitterschokolade

40 ml Schlagsahne (30 % Fett)

4–5 Tropfen Aroma nach Belieben

Portal
The cake is a lie

Für 8 Personen

*The cake is a lie. **Hört nicht auf diesen Quatsch – ich verspreche Euch: Nach den Tests gibt es ein großes Stück von dieser Schwarzwälder Kirschtorte!***

VORBEREITUNG: 45 MINUTEN · BACKZEIT: 45 MINUTEN

ZUTATEN

Für den Kuchen

6 Eier

150 g Zucker

3 EL Kakaopulver, ungesüßt

60 g Mehl

50 g Maismehl

Butter zum Einfetten der Form

600 ml Schlagsahne (30 % Fett)

3 EL Zucker

1 TL Vanille, gemahlen

100 ml Kirschschnaps (optional)

etwa 20 Kirschen, entsteint

Zum Verzieren

300 g Schokostreusel

8 Kirschen, entsteint

- Den Backofen auf 160 °C vorheizen.

- Eigelb und Eiweiß trennen und auf zwei unterschiedliche Schüsseln verteilen.

- Das Eigelb mit dem Zucker in einer Schüssel kräftig verrühren. Kakao, Mehl und Maismehl dazugeben und erneut verrühren.

- In einer anderen Schüssel das Eiweiß mit dem Handmixer steif schlagen, dann vorsichtig unter den Teig heben.

- Eine Springform gut fetten, den Teig hineinfüllen und mindestens 45 Minuten backen. Zum Kontrollieren des Backgrads mit einem Messer in den Kuchen stechen. Wenn beim Herausziehen kein Teig an der Klinge kleben bleibt, ist der Kuchen fertig. Abkühlen lassen.

- Die gut gekühlte Schlagsahne mit dem Zucker und der Vanille in einer Schüssel mit dem Handmixer steif schlagen.

- Das Kirschwasser mit 100 ml Wasser kurz erwärmen.

- Den Kuchenboden in der Höhe zwei- oder dreimal durchschneiden und die einzelnen Böden mit der Kirschwassermischung bepinseln.

- Zwischen jede Schicht Boden eine Schicht Sahne und Kirschen geben. Zum Schluss den Kuchen mit Sahne einstreichen und mit Schokostreuseln bestreuen.

- Nun fehlen noch 8 schöne Kirschen auf den Sahnehäubchen und eine Kerze in der Mitte und schon ist die Torte fertig!

Perfekt erhaltene Torte dank Port-A-Diner

Für 6 Personen

Ganz schön cool, dass die Torte selbst nach der Apokalypse noch so gut aussieht! Und wem gebührt der Dank dafür? Natürlich Port-a-Diner!

VORBEREITUNG: 40 MINUTEN · RUHEZEIT: 6 STUNDEN · ZUBEREITUNG: 15 MINUTEN

ZUTATEN

80 g Butter

200 g Spekulatius

7 Blätter Gelatine

1 Zitrone

500 g rote Beeren (Erdbeeren, Himbeeren)

200 g Zucker

600 ml Schlagsahne (30 % Fett)

300 ml Beerencoulis

20 g Vollmilchschokolade

- Die Butter schmelzen. Parallel dazu die Spekulatius im Mixer zerkleinern. Anschließend die Spekulatius und die geschmolzene Butter verrühren.

- In einem Tortenring mit 24 cm Durchmesser die Spekulatius-Butter-Masse verteilen, am Boden festdrücken und kalt stellen.

- 6 Gelatineblätter 15 Minuten in einer Schüssel mit kaltem Wasser quellen lassen.

- Die Zitrone auspressen und den Saft auffangen. Die Beeren mit dem Zitronensaft und 150 g Zucker pürieren.

- Die Masse in einem Topf aufkochen, den Topf vom Herd nehmen und die gequollene Gelatine unterrühren. 10 Minuten abkühlen lassen.

- 400 ml Schlagsahne und den restlichen Zucker mit dem Mixer steif schlagen. Die Schlagsahne unter die Beerenmasse heben und auf dem Spekulatiusbiskuit im Tortenring verteilen. 6 Stunden im Kühlschrank kalt stellen.

- Das letzte Gelatineblatt 15 Minuten in einer Schüssel mit kaltem Wasser quellen lassen.

- Das Beerencoulis erwärmen und die gequollene Gelatine unterrühren. Die Torte damit überziehen und noch einmal für 5 Minuten in den Kühlschrank stellen, bevor sie aus der Form geholt wird.

- Die Vollmilchschokolade schmelzen. Die restliche Schlagsahne steif schlagen und vorsichtig unter die geschmolzene Schokolade heben. Die Torte mit ein paar Schokosahne-Klecksen verzieren.

Crash Bandicoot
Wumpakuchen

Für 2 Personen

Ah, diese Wumpafrucht! Sie ist das Lieblingsobst von Crash … und vielleicht dank dieses Desserts auch bald Eures?

VORBEREITUNG: 15 MINUTEN · BACKZEIT: 20 MINUTEN

ZUTATEN

2 Äpfel der Sorte Pink Lady
1 Ei
100 g Rohrzucker
½ Vanilleschote
2 Prisen Zimtpulver
90 g Mehl
1 TL Backpulver
40 g Butter

- Von den Äpfeln einen 1 cm breiten Deckel abschneiden, das Kernhaus und das Fruchtfleisch herauslösen, sodass kleine Fässchen entstehen. Das Fruchtfleisch in kleine Würfel schneiden.

- Den Backofen auf 180 °C vorheizen.

- Das Ei mit dem Rohrzucker in einer Schüssel kräftig schaumig schlagen.

- Die halbe Vanilleschote aufschlitzen und das Mark herauskratzen. Das Mark und den Zimt mit der Ei-Zucker-Masse verrühren. Mehl und Backpulver unterrühren.

- Die Butter schmelzen und zur Masse geben. Alles gut verrühren.

- In die ausgehöhlten Äpfel füllen und 20 Minuten im Ofen backen.

- Zum Kontrollieren des Backgrads mit einem Messer in den Teig stechen. Wenn beim Herausziehen kein Teig an der Klinge kleben bleibt, ist der Kuchen fertig.

Zusatzinhalte
Getränke

Achtung, Bananen-Alarm!

Egal ob Mario, Toad oder Bowser – eine Partie Mario Kart *mit Freunden macht immer Spaß. Wie wäre es damit: Die Verlierer mixen für die anderen einen leckeren Cocktail!*

alkoholfrei
Schoko-Bananen-Smoothie

Für 1 Person

ZUBEREITUNG: 5 MINUTEN

ZUTATEN

1 Banane
250 ml Milch
1 EL Schokoladenaufstrich

- Die Banane schälen und in Stücke schneiden.
- Die Milch mit den Bananenstücken und dem Schokoaufstrich im Standmixer pürieren.

alkoholfrei
Banane-Vanille-Milchshake

Für 1 Person

ZUBEREITUNG: 5 MINUTEN

ZUTATEN

2 Bananen
1 Kugel Vanilleeis
350 ml Milch

- Die Bananen schälen und in Stücke schneiden.
- Die Milch mit dem Eis und den Bananenstücken im Standmixer pürieren.

Diablo

Ihr könnt gar nicht genug bekommen von der mittelalterlichen Fantasywelt? Dann schnell das Spiel vorbereiten, einen der beiden Cocktails mixen und auf geht's nach Khanduras, um den Dämon zu jagen.

Atem des Todes

Für 1 Person

ZUBEREITUNG: 5 MINUTEN

ZUTATEN

3 Eiswürfel

3 cl Cointreau

5 cl Kokoslikör

8 cl Ananassaft

- Dieser Cocktail wird im Shaker gemixt. Die Eiswürfel in den Shaker geben, den Cointreau, den Kokoslikör und den Ananassaft dazugießen.

- Den Shaker schließen und 10 Sekunden schütteln.

- Den Cocktail durch ein Abseihsieb in ein Glas gießen – so werden die Eiswürfel aufgefangen.

ALKOHOLFREI
Heiliges Wasser aus Westmark

Für 1 Person

ZUBEREITUNG: 5 MINUTEN · RUHEZEIT: 12 STUNDEN

ZUTATEN

500 ml Mineralwasser

5 cl Rosenwasser

6 Litschis

- Zunächst Litschiwasser zubereiten. Dazu die Litschis vierteln, das Mineralwasser in eine Flasche gießen, die Litschistücke dazugeben und mindestens 12 Stunden kalt stellen.

- Anschließend das Litschiwasser filtern. In eine Karaffe füllen, das Rosenwasser dazugeben und mit einem Cocktaillöffel verrühren.

Tipps und Tricks:
Für alle, die nicht genug bekommen können

Chilisauce

Für 4 Personen

VORBEREITUNG: 10 MINUTEN • ZUBEREITUNG: 20 MINUTEN

ZUTATEN

1 Knoblauchzehe

1 Zwiebel

1 Tomate

3 kleine rote Chilis

200 ml Wasser

60 ml Himbeeressig

120 g Rohrzucker

½ TL Salz

½ TL Agar-Agar

- Die Knoblauchzehe und die Zwiebel schälen. Die Zwiebel und die Tomate fein würfeln. Den Knoblauch und die Chilis hacken.

- Alle Zutaten in einem Topf unter ständigem Rühren aufkochen, sodass das Agar-Agar gut mit der Masse verschmilzt.

- 20 Minuten bei mittlerer Hitze köcheln lassen, in eine kleine Flasche oder eine Schüssel gießen und abkühlen lassen.

Pommes

Für 8 Personen

VORBEREITUNG: 15 MINUTEN • ZUBEREITUNG: 8 MINUTEN

ZUTATEN

5 große Kartoffeln der Sorte Bintje o. Ä.

750 g Frittierfett

Salz

- Die Kartoffeln schälen und in Stifte schneiden. Trocken tupfen.

- Das Frittierfett in einem Topf oder in der Fritteuse auf 150 °C erhitzen. Die Kartoffeln in einem ersten Schritt 5 Minuten frittieren. Ein paar Minuten beiseitestellen.

- Die Temperatur im Topf oder in der Fritteuse auf 180 °C erhöhen. Die Pommes noch einmal 3 Minuten darin frittieren.

- Auf einem Küchenpapier abtropfen lassen und sofort salzen.

Rezeptverzeichnis

DANKSAGUNG

Danke an alle, die an mich geglaubt haben, die mich inspiriert haben und die ein Auge auf mich hatten.

Vincent Amiel bedankt sich herzlich bei Maëlle Goby für ihre Hilfe beim Foodstyling für die Fotos sowie beim *Game Corner Shop* (15 rue Saint-Jacques in 75005 Paris) für die zur Verfügung gestellten Videospielfiguren.